中华先贤人物故事汇

# 张巡

赵志明 著

中华书局

**图书在版编目（CIP）数据**

张巡/赵志明著. —北京：中华书局，2021.7
（中华先贤人物故事汇）
ISBN 978-7-101-15071-1

Ⅰ.张… Ⅱ.赵… Ⅲ.张巡（708~757）-生平事迹
Ⅳ.K827＝422

中国版本图书馆 CIP 数据核字（2021）第 027296 号

| | |
|---|---|
| 书 名 | 张 巡 |
| 著 者 | 赵志明 |
| 丛 书 名 | 中华先贤人物故事汇 |
| 责任编辑 | 董邦冠 |
| 出版发行 | 中华书局 |
| | （北京市丰台区太平桥西里 38 号 100073） |
| | http://www.zhbc.com.cn |
| | E-mail:zhbc@zhbc.com.cn |
| 印 刷 | 北京瑞古冠中印刷厂 |
| 版 次 | 2021 年 7 月北京第 1 版 |
| | 2021 年 7 月北京第 1 次印刷 |
| 规 格 | 开本/787×1092 毫米 1/32 |
| | 印张 3½ 插页 2 字数 50 千字 |
| 印 数 | 1-10000 册 |
| 国际书号 | ISBN 978-7-101-15071-1 |
| 定 价 | 20.00 元 |

# 出版说明

　　孔子周游列国，创立儒家学说；张骞出使西域，开辟丝绸之路；书圣王羲之，留下了曲水流觞的佳话；诗仙李白，写下了"举头望明月，低头思故乡"的名篇；王安石为纠正时弊，推行变法；李时珍广集博采，躬亲实践，编撰医药学名著《本草纲目》……

　　这些杰出的历史人物，有的是在中华民族文明进程中做出过突出贡献、对后世产生过巨大影响的思想家、政治家，有的是对中华优秀传统文化的传承传播发挥过重大作用的文学家、艺术家、科学家，有的是为国家安定统一、民族融合团结和中外文化交流做出过杰出贡献的军事家、外交家……他们为中华民族的繁荣发展做出了伟大的贡献，他们的行为事迹、风范品格为当世楷模，并垂范后世。

他们是中华民族的先贤人物。他们的思想、品德、事迹，是中华优秀传统文化的结晶。他们的故事，是对中华民族的禀赋、特点和气质最生动、最鲜活的阐释。他们的名字，在五千年中华文明史上最为光彩夺目。他们为五千年中华文明史书写了最为光辉灿烂的篇章。

为了解先贤，走近先贤，我们精心组织编写了这套《中华先贤人物故事汇》丛书。以详实可靠的史料为依据，以细腻动人的故事为载体，真实地呈现中华先贤人物的事迹、品格和精神风貌，彰显他们的贡献和功绩，以激发人们对国家民族的热爱，对中华文明、中华优秀传统文化的崇敬。

开卷有益，期待这套丛书成为你的良师益友。

# 目 录

# 导　读

张巡（708—757），是唐朝安史之乱时抗击安禄山、史思明叛军的重要将领。

安史之乱爆发时，张巡的职位是真源县县令。张巡的顶头上司谯郡太守杨万石想要投降叛军，逼迫张巡和他一起降敌。张巡不从，率众在真源县供奉老子的太清宫痛哭，立誓抗击叛军，随后募集军队，举起抵抗安禄山叛军的大旗。

他先是带兵保卫雍丘，与叛将令狐潮斗智斗勇，凭借少量的军队，屡次击败令狐潮的几万大军，让令狐潮无可奈何。接着又率兵保卫睢阳，面对城外十多万敌人的围困，他从容不迫，沉着作战，使睢阳成为阻挡叛军进入江淮的强大屏障，让敌人无计可施。直到粮尽矢绝，无力再战，睢阳才被敌军攻破。

被俘之后，张巡痛骂敌将，视死如归，连同麾下将领共三十六人一起被叛军杀害。

张巡是杰出的军事将领。他守雍丘、睢阳时，兵力十分弱小，却能以少胜多，以弱胜强，往往能用出其不意的战法杀退敌军。夜袭、火攻、声东击西，他的破敌计策巧妙而高效，打出了一个个经典战例。

他是忠贞的爱国志士。面对敌军的劝降、利诱，毫不动摇。在处境艰难、万分危急的时候，也没有动摇决心，而是时刻怀着为国牺牲的觉悟。

文学家韩愈在《张中丞传后叙》中称赞张巡说，死守一城，捍卫天下，以千百名疲弱不堪的士卒，与气焰日盛的叛军奋战，使江淮不失，使天下不亡，这是谁的功劳啊！张巡的事迹，也被文天祥写进了《正气歌》，成为忠臣烈士的楷模，被长久称颂。

# 茶楼相会

十月的长安，秋高气爽。

唐玄宗有一个习惯，每年此时都会移驾骊山华清宫。骊山风景秀美，山脚下有几处温泉。身体长泡温泉，有利于祛除疾病，因此骊山成为帝王喜爱的游幸之地。

华清宫又名汤泉宫、温泉宫。这里有两处大的汤池：专供唐玄宗使用的是莲花汤，直径有数丈，池子一周砌着汉白玉，晶莹剔透，温润如脂，表面雕刻着鱼、龙、花、鸟的图案，池子中间是一对汉白玉并蒂莲，温泉从玉瓮口中涌出，喷注在两朵白莲之上；专供杨贵妃使用的是海棠汤，边沿一圈也是汉白玉砌造，形状宛如海棠。另外还有十六处较小的汤池，是随行妃嫔与官员们的洗浴之所。

每当此时，长安城万人空巷，民众争相观睹杨贵妃四姊妹。皇家仪仗盛大而威严，经过的道路都由屯卫把守，杨贵妃、杨国忠以及其他随行大臣乘车依次而行。宝马雕车，张灯结彩，声乐震天。因为君王的恩宠，杨家自然享有了无限的荣耀，也教天下的父母都有了生女之心。

张巡约了以前的东宫同僚韩择木，在东市的一处茶肆相见。本来想的是东市比西市安静，没想到碰上唐玄宗选择这天出行，又碰巧行经东市，只见浩浩荡荡的车队直指骊山，数百辆楼车逦迤东行，街衢之上人山人海，声震云霄。好在二人都佩有鱼袋（唐时官员佩戴的证明身份之物），顺利通过了屯卫的盘查，登上茶楼，凭窗而坐。

张巡是开元末年进士。有道是"三十老明经，五十少进士"，在唐朝，科举考试最主要的是"明经"和"进士"两科，明经科录取率高，进士科难度却很大。官员即使位极人臣，如果不是进士出身，终生都会觉得遗憾。

进士及第之后，张巡在太子右春坊担任通事舍人，负责东宫的朝见引纳、殿廷通奏等事宜，颇受太子李亨的重视。然而，这时太子的处境却并不太好，由于唐玄宗的无端猜忌和权相李林甫的借势打压，支持太子的陇右节度使皇甫惟明、御史中丞韦坚、赞善大夫杜有邻等人，不是丢官，就是丧命。

李亨受此重创，战战兢兢，如履薄冰，主动奏请唐玄宗，自降东宫的礼仪规格，削减东宫机构的行政职能。此举正中唐玄宗下怀，自然得到同意。于是东宫中很多官员都被外放，张巡也因此成为清河县令。在任期间，张巡政绩卓著，每年的政事考核都在优等之列。四年任期一满，他便作为"前资官"返回长安，等待新的任命。

这一年，朝堂格局发生了巨变，李林甫病故，杨国忠继任右相，大权在握，独掌朝政。杨国忠一面着手清算李林甫一党势力，一面揣摩玄宗的心思，继续对东宫施压，太子李亨的日子依旧不好过。

张巡回到阔别已久的长安，却无法亲往东宫拜见太子，心中愁苦，只能与韩择木相约在茶楼见面。韩择木曾在东宫担任侍书，因为擅长八分书，受到唐玄宗的喜爱和庇护，李林甫与杨国忠都不敢轻易动他。韩择木这才得以自由出入东宫，暗中为太子和他的旧部传递消息。

唐玄宗游幸华清宫，要到岁末才回宫。为了协助唐玄宗处理朝政，大半个朝廷都需要跟随过去。只见车马源源不断地从楼下经过，看不到头，也看不到尾。

韩择木与张巡四年未曾见面，此时此刻，自然有很多话说。

韩择木问："你回京之后，可曾见过令兄？我近来听说他有辞官之意。"

张巡的兄长张晓时任监察御史，职责是监察百官，巡按郡县。因为他不畏强权，清廉公正，名重一时。

张巡神色黯然，说："家兄担任监察御史，深感责任重大，不敢不尽心尽力。民间但有不公，官员但有枉法，家兄必然会挺身而出，认为这样才能不负陛下所托。奈何朝中乌烟瘴气，已不是一日。李相口蜜腹剑，杨相骄愎自用，下情不能上达天听，上意不能传递给州县，长此以往，必然引起大

只见车马源源不断地从楼下经过，看不到头，也看不到尾。

患。家兄因此心灰意懒，有了辞官的念头。"

韩择木说："古有赵高指鹿为马，今有杨相'雨不为灾'。去年凤翔一带大雨连绵，毁坏庄稼，陛下十分担忧，杨相却谎称凤翔丰收，说大雨并未形成灾害。在他的威压下，各地官员的奏疏中居然不敢出现水灾旱情的字眼。人命关天的事情，竟这样被压下来，这和亲手杀人有什么区别？"

张巡说："竟有这事，真是欺君大罪。"

韩择木说："你还不知道这位右相改名的事吧？"

张巡说："我在清河县偶有耳闻，却未知其详。"

原来，东晋时，民间流传一首民谣，说是"金刀既已刻，娓娓金城中"，被称为"金刀之谶"。因为"劉"字拆开来之后是"卯金刀"，应了"金刀之谶"，有人便认为会有姓刘的人来一统天下。唐朝建立后，朝廷对刘姓大臣一直分外警惕。

杨国忠原名杨钊。"釗"字拆开来也是一把"金刀"，和"金刀之谶"沾边。为表忠心，也为避祸，杨钊请求唐玄宗赐名"国忠"。他改名之后，仕途果然一帆风顺。杨国忠之所以能够揣摩唐玄宗的心意，其实是因为他的妹妹杨贵妃暗中给他通风报信。

不过，杨国忠也有一位劲敌，那就是范阳节度使安禄山。安禄山是个大胖子，走动时全身肥肉颤动。他虽然肥胖，身手却很敏捷，在唐玄宗面前表演跳胡舞，身子转动得像旋风一样。唐玄宗和杨贵妃都很宠幸安禄山，杨贵妃还认他做了干儿子。安禄山受诏入宫，一定先拜见杨贵妃，再觐见唐玄宗，还解释说胡地的习俗如此。唐玄宗也不生气。

杨国忠曾多次向唐玄宗进言，指证安禄山图谋不轨，还说："臣之所言，句句属实。陛下如果不信，可命安禄山进京。他心怀鬼胎，必定不敢来。"唐玄宗将信将疑，下旨传召，安禄山却不疑有诈，日夜兼程从范阳入京，带着奇珍异宝，进献给杨贵妃、高力士等人，也让唐玄宗彻底放下心来。之后再有说安禄山不忠的大臣，唐玄宗就将他绑起来送到范阳，让安禄山亲自处理。

安禄山曾多次向唐玄宗哭诉："臣仆是粟特人，陛下待臣仆越是优厚，臣仆恐怕越是不见容于他人。"唐玄宗也担心有人会对安禄山下毒，特地赏赐一块金牌，让他系在手臂上。安禄山在长安时，有时不得不赴宴，当主人强行劝酒时，安禄山就会亮出金牌，说："陛下可是恩准我可以不喝酒的。"

提及杨国忠和安禄山的明争暗斗，张巡和韩择木分外感慨。杨国忠几次三番想要扳倒安禄山，都未能如愿，可安禄山怎么会坐以待毙？长此以往，将相失和，只会动摇国本。比较而言，李林甫的手腕却比杨国忠高明得多。安禄山对李林甫又敬又畏，听到李林甫批评自己的话，就会哀叹："十郎都这么说了，我这下死定了。"音乐家李龟年曾在唐玄宗面前模仿这段情景，学得惟妙惟肖，唐玄宗乐得直不起腰来。

与老谋深算的李林甫相比，杨国忠对各地军权在握的节度使虽然颇为忌惮，可惜除了狐假虎威，借助唐玄宗的恩威排挤打压之外，却毫无应对的办法。不过，他担任的职位越来越多，权力也越来越大，甚至连官员的任免都是他一个人说了算。

韩择木因此建议张巡："太子殿下希望这次你能成为京官，在京城之内谋个差使。只是，在人屋檐下，不得不低头，你还是去右相那边走动一下。"

张巡长叹一声，说："目前右相的势力这么庞大，很多人肯定以为他稳如泰山。找他做靠山，自然能够平步青云。但我不这么看，他这座靠山看似高大，却是一座冰山。一旦太阳高挂空中，这座冰山就会融化。我以前是东宫的属官，即使现在没有了实职，我也不会忘记自己的身份，更不会去右相那里走动。"

韩择木点头称许，说："太子殿下也料到你不会去找右相。如果不留在长安城内，太子殿下希望你能去真源县。此事操作起来倒也不难。"

真源县是老子李聃的诞生之地。李唐王朝为确立统治的正统地位，追认老子为先祖。唐高宗更是封老子为太上玄元皇帝。真源县虽然远离长安，却是李唐王朝的祖庭，地位十分重要。张巡到真源县做县令，自然是要替唐玄宗和太子守住这块先祖重地了。

两人正在说着话，旁边房间突然传来"咔嚓"一声爆响，随即有人气冲冲地下楼而去。看到店主慌慌张张地前来收拾，韩择木便问道："适才那位客人是谁?"店主不敢隐瞒,说:"刚才是左武卫大将军郭子仪。郭将军不知为什么突然生起气来,一拳擂毁了小店的台几。"

两人相对无言,想那郭子仪为何失态,想必也是因为满腹心事无处诉说。

此时天色已晚,担心宵禁后金吾卫的盘查更严,张巡和韩择木便离开了茶肆,混入街头四散的身影中。

# 起兵讨贼

天宝十四载（755），正当唐玄宗在华清宫沉醉于《霓裳羽衣曲》时，安禄山以"忧国之危"为借口，声称奉了唐玄宗的密诏，讨伐逆臣杨国忠，在统辖的郡县遍发告示，举兵造反。渔阳鼙鼓，震动天下。安禄山以高尚、严庄、张通儒、孙孝哲为腹心，以史思明、安守忠、李归仁、蔡希德、牛廷玠、向润容、李庭望、崔乾祐、尹子奇、何千年、武令珣、能元皓、田承嗣、田乾真、阿史那承庆为爪牙，亲率十五万大军，由灵昌渡过黄河，兵锋直指东都洛阳。

消息传到骊山，唐玄宗仓促应对，他先任命封常清为范阳、平卢节度使，在洛阳募兵备讨，又任命张介然为陈留太守、河南节度使，以金吾将军程千里为潞州长史，一起讨贼。可惜刚和叛军交锋，张介然便不幸战死，陈留很快失守。叛军很快攻占了洛阳。安禄山自称雄武皇帝，国号大燕。至此，河北、河南大部分城池都已沦陷。

随后，安禄山兵分两路，主力继续西进，直指长安，另一路南下江淮，企图切断唐朝的财赋来源。为此，安禄山又任命降将李庭望为河南节度使，杨朝宗为陈留长史，张通晤为睢阳太守，兵锋直指东南。

叛将张通晤十分骁勇，率领千余胡骑，很快攻陷了宋州、曹州。这可把谯郡太守杨万石吓坏了，他思前想后，决定向叛军投降。与叛军接洽，需要一个有胆略的人才，杨万石早就听说真源县令张巡见识不凡，胆量过人，于是提升张巡为谯郡长史，让他代替自己，去张通晤的大营请降。

连日来，叛军攻城略地，烧杀抢掠，许多城池的官员不是战死，就是投降。见国家有难，张巡早就做好了为国尽忠的准备，没想到顶头上司却是贪生怕死之辈，居然要投降叛军，他的心里不禁暗暗着急。

杨万石对张巡说："张长史，这是你立功的大好机会，回来之后，本太守还有重赏。你若是拒绝，可就显得和本太守不是一条心了。"

张巡虽然想反对，可看见太守身后站着的兵士，只能把一腔怒火压了下来。他对自己说："现在死，不如和叛军血战而死。且忍耐一时，等离开谯郡，再做打算。"

他说："太守高瞻远瞩，使一郡百姓免受战火涂炭，真是善举。卑职这就去张通晤大营，把太守的话带到。"

骗过了杨万石，张巡带着十几个随从，急匆匆地离开了谯郡。

张巡一行一路疾驰，沿途遇到不少难民。他们拖家带口，携老扶幼，挑着担子，推着小车，一路逃向南方。张巡看着这些百姓，心中酸楚，他心里想："如果不能打败叛军，拯救他们于水火，张巡真是枉为男儿。"

一行人路过真源县，经过太清宫时，张巡翻身下马，对随从们说："我担任真源县令，到如今已经两年了，自问上不负圣恩，下无愧黎民百姓。现在受杨太守之命，前往敌营请降，投敌之人，还有什么面目活着回来。赴死之前，我想最后参拜一次太上玄元皇帝，你们有愿意和我一起去的吗？"

众人平素都很敬重张巡，也都下了马，默不作声地跟在后面。他们先登三十二级升仙台，再观老子"赶山鞭"，到了大殿内，跪拜老子紫铜坐像。

对着老子坐像，张巡忍不住放声大哭："我原是要替皇帝看守这大唐祖庭的，没想到却要担上向贼军投降的恶名。太上玄元皇帝，请给张巡指点一条出路！"

随从们扶起张巡，纷纷说道："明府不要悲痛，我等都食大唐俸禄，怎能随随便便就投降贼军。我们不如在真源县招兵买马，和贼军决一死战！"

张巡听了十分高兴，问道："诸位都是一个心思吗？"

众人回答："我们愿追随明府，水里水里去，火里火里去，决不投降贼军！"

见是本县县令到了，太清宫的道士特地出来迎接。张巡说："我们要赶远路，途经太清宫，特来讨几杯桧（guì）花蜜茶喝。"

太清宫里有很多桧树，其中有一棵高有数丈，众人立在这棵古树下，喝着入口微苦却又极香的桧花蜜茶，一时心潮澎湃。

张巡说："现如今，王师在潼关力拒叛军，各地勤王之师风起云涌，贼军声势虽大，必定难以持久。杨太守命我等投敌，虽然能苟全性命于一时，但是必为后世耻笑。眼下正是大丈夫建功扬名的好时机，岂能向贼人俯首低头？"

众人都说："我们唯明府马首是瞻。"

张巡说："我们身后的这棵大树很有来历，陛下曾颁下诏书，称这棵树为瑞木。大丈夫建功立业，只恐报国无门，不惧以死酬志。你们有愿意留下来，和我一道起兵讨贼的，就取一片瑞叶吧，让它见证我们的赤胆忠心。"

众人都拾起一枚桧叶，置于鱼袋内。

张巡起誓说："朝廷任命我做真源县令，如果我不能保太清宫于战火，有何面目见陛下？如果我不能救百姓于兵燹，有何面目见陛下？叛军兵临城下，如果我不敢与之一战，有何面目见陛下？我愿

众人立在这棵古树下，一时心潮澎湃。

与叛军战至最后一息，绝不退缩！"

众人的血液也都燃烧起来，说："我们都愿与贼军战至最后一息，绝不退缩！"

张巡大喜，说："陛下现在命吴王李祗（zhī）为灵昌太守、河南都知兵马使，我们可先在真源募兵，然后投靠吴王殿下，奋勇杀贼。"

消息传出，前来投奔的壮士络绎不绝，张巡很快组建起一支上千人的队伍。

# 联合贾贲

叛军攻下洛阳，乘胜进逼潼关。双方在潼关都投入了重兵。朝廷命名将哥舒翰为副元帅，率领河陇精兵据守潼关。叛军虽然攻下了许多城池，却在潼关受阻。与此同时，朔方节度使郭子仪率领军队与叛军大战，收复了很多郡县。受此激励，灵昌太守吴王李祗、济南太守李随、濮阳县丞尚衡、平原太守颜真卿等纷纷起兵，开辟了多个战场。叛军腹背受敌，形势开始变得对唐军有利。

真源县北面的宋州和曹州，被叛军张通晤攻占。为了截断江淮漕运，切断唐军的钱粮供给，叛军对紧挨着的单父县虎视眈眈，调兵遣将准备攻打。

单父县的县尉贾贲，素有忠义之名。他见单夫危急，便举起讨伐叛军的大旗，很快聚集了一千多勇士。趁着张通晤立足未稳，贾贲忽然向宋州发起猛攻。叛军没有防备，被打得大败，张通晤带着残兵仓皇出逃。贾贲乘胜追击，张通晤被乱军杀死。消息传出，各个战场上的唐军士气为之一振。

　　不料，雍丘县令令狐潮却在这个时候投降了叛军。邻近的淮阳县出兵征讨。张巡听闻，也率领刚刚募集的军队，紧急向雍丘进发，想趁叛军立足不稳，一举收复雍丘。

　　路上却遇到了贾贲的军队。原来，张通晤死后，叛将李庭望、杨朝宗担心张通晤之兄、安禄山的亲信张通儒责怪，慌忙调集精锐人马围攻单夫，要为张通晤报仇。

　　贾贲见叛军来势汹汹，决定暂时避开锋芒，便撤出单夫，领兵去救雍丘。走到半路，正好遇到张巡。于是二人合兵一处，总共有两千余人，声势更壮。

　　按照官职大小，张巡是真源县令，贾贲是单父县尉，张巡比贾贲官高一级。但张巡以为，贾贲刚刚打了一场大胜仗，还打死了叛将张通晤，有很大的功劳，也是难得的将才，便毫不犹豫地交出了指挥权，把自己的一千多人交给贾贲指挥。

军马赶到雍丘时，淮阳兵已经被令狐潮打败，淮阳兵有的逃跑，有的被令狐潮俘虏。令狐潮把俘虏的淮阳兵双手反绑，拘禁在庭院中，准备杀掉他们。不料，这些淮阳兵趁看守不备，互相解开了绑缚，然后发一声喊，一起发作，将看守杀死。他们鼓噪着冲进县衙，打死了许多叛军，令狐潮见势不妙，只好骑快马逃出了雍丘。

见到张巡和贾贲的军队，淮阳兵便打开城门，迎接他们进城。张巡和贾贲轻轻松松就收复了雍丘，心里十分高兴。

这些淮阳兵死里逃生，心里恨极了令狐潮。令狐潮虽然离开了雍丘，但他的家人都在城内。淮阳兵一起来找贾贲和张巡，说："令狐潮这贼子虽然逃了，家眷却在城中，请两位将军下令，我们这就去处死他们。"

张巡非常痛恨令狐潮投敌卖国，可杀掉令狐潮的家眷，他却有些于心不忍。他想了想说："令狐潮投敌，虽然可恨，但祸不及妻子儿女，斩杀手无寸铁之人，岂是英雄好汉的行为？不如留下他们的性命，说不定还可以感化令狐潮，令他重新为朝廷效力。"

贾贲却说："如今贼势汹汹，没有雷霆手段，怎能震慑贼人。令狐潮甘心做贼，他的家人，一个都留不得。"

张巡还想阻拦，贾贲已经发出了命令，过了片刻工夫，淮阳兵已经拎回了几颗人头。张巡看了，只能长叹一口气。

令狐潮听到消息，悲怒交加，气得口吐鲜血。他发誓要报仇雪恨，亲自去求见叛将李庭望，向李庭望借了几千兵马，来攻打雍丘。

见叛军来犯，张巡和贾贲一起到城上观看，只见叛军挥舞着刀枪，高举着旗帜，已经列好了阵势。

张巡对贾贲说："贾将军，令狐潮此番回来，意在报仇。我们只需紧闭城门，叛军必然无功而返。"

贾贲说："区区一个令狐潮，他比张通晤如何？我一千人马就能击退张通晤，现在我有张将军相助，又收了淮阳兵，兵力不弱于他。他不来，我还要去寻他。他既然前来受死，咱们就成全了他。白送上门的功劳，岂能不要？"

张巡说："贾将军，这回令狐潮志在报仇，怒气正盛，肯定会拼死作战，我们不如避开他的锋芒。等贼军懈怠，没了锐气，自然会解围而去。"

张巡再三苦劝，贾贲只是不听。正好令狐潮前来挑战，贾贲点上一千兵马，对张巡说："就请张将军守城。我去会会那贼人，一定要取回他的项上人头。"

张巡心下不安，在城内预备了两支人马，准备随时接应。自己则全副武装，站在城楼上观战。

贾贲让随行军士摆开一字长蛇阵，鼓擂三通之后，自己单人独骑立于阵前，冲着敌阵骂道："令狐潮，朝廷待你不薄，你为何要投靠反贼？"

令狐潮拍马出阵，骂道："贾贲，你杀我全家，我誓报此仇。今日不是你死，便是我亡！"

两人各自向前，举起刀枪，厮杀在一起。

张巡在城楼上观战，却见令狐潮阵中藏着一队骑兵，都是胡人胡马，竟是安禄山麾下的曳落河精骑，虽然不足百人，但是马如龙，人如山，气势不凡。张巡暗道不妙，看来令狐潮报仇心切，居然从李庭望处搬来了强兵。他急忙下令鸣金，让贾贲收兵。

令狐潮看到贾贲退兵，嘲笑道："你不是要取我的性命吗，为何却撤兵？想是敌不过我，要躲进城内做缩头乌龟。也罢，你的头颅就暂且放在你的脖子上，等到城破之日，我亲自去取。"贾贲听了大怒，回马迎向令狐潮。令狐潮全然不惧，也策马上前。两人在马上厮杀成一团，数十回合不分胜负。令狐潮卖个破绽，败逃回阵，贾贲紧追不舍。

张巡眼见贾贲中计，料想他必然会中敌人埋伏，忙命令城内的军马杀出。他骑上战马，对众人说："我们只要接应贾贲将军回城，不可与贼人恋战。"

人马蜂拥出城。张巡一马当先，冲在追前面，冲着贾贲大声叫道："贾将军，快快回来，小心中了埋伏！"

贾贲猛然醒悟，急忙掉转马头，但为时已晚。令狐潮阵中早已抢出数十胡骑，闪电般将贾贲团团围住。

贾贲与令狐潮厮杀了一阵，已经耗了不少气

张巡大声叫道："贾将军，小心中了埋伏！"

力，此时又遇到群狼撕咬，更是难以招架，不多时便添了几处伤口。贾贲知道，令狐潮极恨自己，如果落马被擒，必然会被百般凌辱，于是咬紧牙关，左冲右突，拼命抵挡。

为了不跌落马下，贾贲将缰绳紧紧缠在左腕上。他的右手已经舞不动铁枪，只有招架之功，没有还手之力。只见胡刀闪着寒光，落在身上便是一道伤口。贾贲只能将身子低伏在马背上，叹道："我命休矣！"

正在危急时，一人拍马赶到，叫道："贾将军休慌，我来助你！"贾贲抬头一看，却是张巡。张巡奋力冲杀出一条血路，护送着贾贲向城门退去。胡骑哪里肯舍，疾风般追来。张巡早有准备，向城上一挥手，城上的弓箭手万箭齐发，把胡骑逼退。

回到城里，贾贲已经浑身是血，奄奄一息。他握着张巡的手说："我死不足惜，可恨的是再不能上阵讨贼了。今后的事，就拜托将军。"说完便咽了气。张巡放声大哭。

当晚，张巡点起两千精兵，乘夜出城，攻击令狐潮大营。张巡对众将说："令狐潮白天小胜一场，不会想到我们晚上来攻他的大营。我们出其不意，定能把贼军杀得落花流水。为贾将军报仇，就在今夜！"唐军悄悄接近了叛军大营，然后齐声呐喊，发起猛烈进攻。令狐潮在睡眠中惊醒，见四面八方都是唐军，匆忙中骑上战马，狼狈逃跑。叛军见主将逃离，也没了斗志，四散溃逃。唐军大获全胜。

雍丘军民亲眼看到张巡的韬略和勇武，便奉张巡为主帅。吴王李祗也授予张巡经略使一职，让他负责兖州以东的防御。

# 三战雍丘

令狐潮卷土重来，这次他率领四万人马，气焰更盛。令狐潮指挥大军，把雍丘城团团围住，同时放出话来，要活捉张巡，把雍丘城踏为平地。

雍丘城内满打满算，只有不足四千人马。不只是城内的百姓忧心如焚，守城将士的心里也在打鼓："敌我双方力量对比悬殊，这仗怎么打？这城如何守？"

张巡也万分焦虑，贼人势大，雍丘孤立无援，状如危卵，这仗确实不好打。他在城墙上仔细观望贼人的动静，只见叛军旗帜如云，一眼望不到边。张巡看了一会，突然计上心头，对众将说："我们这就出城，去冲击一番，挫一下叛军的锐气。"

于嵩在张巡担任清河县令时，便跟随在左右，这时忍不住问道："将军，令狐潮上次来犯，您曾力劝贾贲将军避其锋芒。令狐潮这次兵力更盛，为什么反而要主动迎敌？"

张巡解释道："两军对垒，要想取胜，讲究天时、地利、人和，除此之外，比拼的就是心理了。兵法里说：'兵者，诡道也。'令狐上次来犯，报仇心切，志在必得，所以我建议贾将军避其锋芒。这一次却大为不同，我看叛军上下皆有轻我之心。令狐潮原为雍丘县令，尽知城内情形。这番他以四万之众围城，一定不会想到我们以羸弱之势，居然还敢主动出击。我们奇兵突出，必能扰乱叛军阵脚。此战不求大胜，只要能成功逼退叛军，就能迅速提升我军的士气。"

叛军在城外安营扎寨，埋锅造饭。只见敌营中人马喧哗，声音沸腾。营外警戒的士兵大多下了战马，卸下了盔甲，放下了刀枪。有些士兵甚至躺在地上呼呼大睡。看来，叛军完全不把小小的雍丘城放在眼里。张巡判断，饱餐一顿之后，令狐潮就会发起攻城战。

张巡决定迅速发动一次奇袭。他挑选了一千名士兵，分成五个小队，每队两百人。张巡对将士们说："此次出战，为的是把叛军的阵营冲乱。不求杀敌多少，也不要抢夺他们的粮食辎重。我们要像虎入羊群一般，震慑敌军，让贼兵惊慌失措，逼他们退却。"

一番阵前动员之后，张巡披挂整齐，身先士卒，带着将士们冲出城去。

叛军果然没有防备。将领们有的没有来得及穿上盔甲，有的在仓促间无法骑上战马。兵士们更是慌乱，以为从城里冲出了千军万马，胡乱抵挡一阵，便抱头鼠窜。前面的兵士潮水般溃逃，后面的兵士也被裹挟着后退。

令狐潮大声呵斥，喝令将士稳住阵脚，还亲手斩了两名后退的将领。但是兵败如山倒，在乱糟糟的情况下，他的将令根本没有人听。叛军溃退了二十多里，才稳住阵脚。令狐潮清点人马，折损了近千名士兵。他恨得咬牙切齿，发誓次日一定要拿下雍丘。

张巡的一千名精兵只损失了几十人，便挫败了叛军的骄锐之气。见叛军退去，张巡并不追赶，号令鸣金收兵，退回雍丘城内。

张巡对将士们说："今天虽然大大挫了贼兵的锐气，但贼兵不会罢休，明天一定会猛烈攻城，以雪今日之耻。我们要赶紧准备干草，扎成束，浸染油脂，明天备用。"城内百姓听说后，纷纷献上家中的柴薪和灯油。城墙上面，兵士们连夜支起了大铁锅，里面熬着热油，铁锅旁边码着成堆的稻草束。

第二天，令狐潮率领大军，再次紧逼到雍丘城下。这次令狐潮有备而来，只见叛军推出了几十座攻城塔，攻城塔与城墙一样高，分为好几层，塔中藏着弓箭手，塔下面装着木轮，由数十名身强力壮的大汉推着，发出了轰隆轰隆的沉闷的响声。每座攻城塔上面站着三十名全身荷甲的士兵，他们只露出一双眼睛，手中拿弓，背着弯刀，显然是叛军中的精锐。这些士兵完全不惧箭矢，只待攻城塔靠近城墙，便要一跃而上。

城墙上的唐军将士都屏住呼吸，看着攻城塔缓缓逼近。塔中藏着的弓箭手纷纷放箭，城墙上不断有唐军将士中箭倒下。唐军弓箭手放箭对射，可攻城塔异常坚固，箭矢伤不了它的一分一毫。

张巡的双眼早已瞪得开裂，看到攻城塔缓缓靠近，他一声大吼，挥动手中令旗。唐军士兵齐声呐喊，将浸染了油的草束点燃，掷向攻城塔。城上的弓箭手又向攻城塔射出火箭，火碰到油，迅速燃起了大火。塔上的士兵顿时困在了火笼里，避无可避。城墙上又倒下了热油，扔下了火把，地面很快成了一片火海。火势熊熊，舔舐着攻城塔，火焰像巨蛇一样，沿着攻城塔往上爬。

天上下起了火雨，推塔的士兵只顾自己逃命，哪里还顾得上攻城塔。攻城塔毕毕剥剥地燃烧，火光中夹杂着呼号声和惨叫声。有的贼兵难忍灼痛，竟然从攻城塔上跃下，像一颗火球一样坠到地上。这次攻城战，贼兵折了近五千人，元气大伤。令狐潮再次兵败，不得不退到离城十五里处安营扎寨。

那些没有烧毁的攻城塔，冒出股股浓烟。张巡让士兵将塔上的木料拆下，抢进城来。他料想雍丘城短期内难以解围，不得不做持久战的打算。木头、军械、粮食都是重要物资，必须储存得多一些。

过了几日，城上瞭望的士兵来报，汴河上出现了一些船只，可能是叛军的援军到了。张巡马上和众将登上城头，仔细观察。只见暮色当中，几十艘大船正排成一排，停在河里，船的吃水线都很深。张巡"呀"了一声，说："这是贼军的粮草到了。"

他马上发令，擂鼓点兵，集齐了两千兵马。接着大开城门，在南门外摆开阵势。

这时天已发黑，张巡故意让士兵们摇旗呐喊，摆出了要大战一场的架势。

令狐潮不敢怠慢，也尽遣主力对垒。双方都点起了火把，把南门外的夜空照得如同白昼。

令狐潮屡次战败，早成了惊弓之鸟。他看不出张巡的意图，不敢贸然进攻，只教三军加强戒备，不得轻举妄动。

双方都不率先进攻，弓箭手拉满了弦，步兵拔出了弯刀，紧张地对峙着，只听得见马儿凝重的鼻息声，刀枪清脆的碰撞声。

令狐潮再也沉不住气了，他拍马出阵，高声叫道："阵已列好，为何不痛快一战？"

张巡也拍马上前，慢条斯理地说："你要想战，尽可来攻。"

令狐潮越发狐疑，以为张巡在阵前一定设好了陷阱，一时进退两难，既不敢贸然冲锋，也不敢收兵回营。

又等了片刻，令狐潮终于焦躁起来。他招来麾下勇将，准备冲杀。可再看对面，张巡竟然让军队后撤，唐军后队变前队，开始井然有序地退回雍丘城。

令狐潮更加惊疑不定，他觉得面前处处是陷阱，战场上到处有伏兵。雍丘城内到底藏有多少唐军，他现在已经彻底搞不清了。

这时，一个斥候飞马奔来，对令狐潮说："大事不好了，我们刚运到的军粮被敌军劫了！"

令狐潮大惊失色，问道："张巡就在此处，他有分身术不成，如何会劫了军粮？"

斥候回报说："张巡遣手下大将雷万春，趁我军主力和张巡对阵，偷袭了我军的运粮船。他们抢走了一部分，剩下的全都放火烧了。"

令狐潮长叹一声："千防万防，我还是没防住

令狐潮一时进退两难，既不敢贸然冲锋，也不敢收兵回营。

张巡，中了他的计策。"

天宝十五载（756）六月，唐玄宗命哥舒翰出潼关进攻安禄山，哥舒翰只得引兵出关，与叛军决战。两军在灵宝大战，唐军大败，哥舒翰被俘，潼关失守。眼看叛军就要攻陷长安，唐玄宗带着杨贵妃、杨国忠、皇子皇孙仓皇逃向四川。行到马嵬坡（在今陕西兴平），愤怒的将士发动兵变，杀死杨国忠，逼迫唐玄宗下令缢死杨贵妃。唐玄宗历经艰险，总算逃到了蜀地。七月，太子李亨在灵宝称帝，是为肃宗，尊唐玄宗为太上皇。

令狐潮见形势有利，围攻雍丘更急，将雍丘围成铁桶一般。张巡也不示弱，将雍丘守得像铁桶一般。不管令狐潮用什么计策攻城，都会被张巡打退。

强攻不成，令狐潮只能劝降。这一天，令狐潮只带着两个随从，骑马来到城下，在弓箭射不到的地方远远站住，要求和张巡说话。

张巡也带着两个随从，出了雍丘城，与令狐潮遥遥相望。

令狐潮对张巡说："李唐王朝大厦将倾，现在长安已经失守，皇帝已逃到蜀地。天下大势，早已明了。你虽然忠心，能将雍丘守到什么时候呢？不如趁早投降，定会有大把的富贵等着你。"

张巡冷笑一声，说："令狐潮，你置忠义于不顾，变节投敌，又引来叛军，要屠戮城中百姓。你真是枉为臣子，枉为父母官！你的结局早已注定，我看得真真切切。你已经是将死之人，怎么还有脸面来劝我？你的头颅必将悬挂在城门上，千秋万代都会遭人唾弃。我想问你，此时此刻，你难道一点都不羞愧吗？"

令狐潮被说得哑口无言，满面通红，只得调转马头，回了大营。

# 草人借箭

张巡的姐姐嫁在彭城陆家。安禄山造反，黄河南北的富家、大户人心惶惶，想方设法逃离战乱，陆家也准备举家迁往临淮。姐姐听说张巡在真源起兵，便毅然辞别夫家，投奔弟弟。她每日为将士们缝补衣服，安排饭食，在军中极受爱戴，被称为"陆家姑"。

一场大战之后，陆家姑忙着照顾伤兵，一连几日都没有见到张巡。她想，经过这场厮杀，弟弟虽然没有受伤，战袍肯定破损了，需得给他缝补一下。眼见天已入夜，伤兵们也都已经安睡，陆家姑便悄悄离开军营，前往雍丘县衙。与贾贲合兵之后，张巡就住在县衙，在这里调兵遣将，策划战守。

为了节省灯油，城中人家天黑后都不在家中掌灯，县衙也不例外。陆家姑走进衙门，吓了一跳。只见大院里站满了人，排列整齐，却又都不出声。昏暗的月光底下，显得有几分怪异。难道弟弟要连夜出击？陆家姑想。

"姐姐，我这些兵士可还算威风？"黑暗中传来张巡的声音。看到姐姐，张巡愉快地笑出了声。

"这些兵士？"陆家姑定了定心神，也看到了张巡。只见张巡站在队伍前列，比那些"兵士"高了一些。仔细一看，这些"兵士"，原来是一排排稻草人。

"这些稻草人，可像真人？"张巡问，"从远处看，像不像一群壮士？"

"弟弟做这些稻草人有何用处？"陆家姑很好奇。张巡饱读兵书，通晓阵法，往往还不遵常法，别出心裁，这些她是知道的。陆家姑心想，难道弟弟学了什么道术，能让这些稻草人去阵前杀敌？

张巡说："姐姐，这些稻草人只是小部分。城中其他地方，还做了更多呢。"

陆家姑说："战事如此紧张，弟弟还有心思做这些稻草人！你的葫芦里究竟卖的什么药？"

张巡叹了口气："姐姐，你不知道，连番几次大战，城中箭矢已尽。"

陆家姑吓了一跳。如果城外的叛军知道城里没了箭矢，肯定会放心大胆地攻城。到时蝗虫般的贼兵会源源不断地爬上城墙，赶都赶不走，打都打不下去。他们会蜂拥到城墙下，架起云梯和楼车。守城的士兵刚把一架云梯掀翻推倒，另一架云梯又会飞快地架起来。他们还会有恃无恐地推着攻城车来撞击城门，直到把城门撞开为止。

"这可如何是好！"陆家姑喃喃自语，"难道弟弟是要学那诸葛孔明，用草人借箭？"

"姐姐说对了！"张巡两眼发亮，在暗夜的月光底下显得神采飞扬。他兴奋地和姐姐说了自己的计策。这几天月黑风高，趁着夜色，将稻草人从城墙上放下去，贼兵看不真切，肯定会以为是守城的士兵袭营，自然放箭阻拦。到时箭如雨下，稻草人身上必定插满了箭矢。再把稻草人提上城来，不就有了现成的箭矢了吗？

张巡又说："可虑的是，万一贼兵看出破绽，不仅借不到箭矢，还泄露了城内虚实，这样雍丘就难保了。"

姐弟俩都陷入了沉思，他们身边的稻草人也都沉默不语。一阵夜风刮过，几个稻草人摇晃了几下，竟然倒在了地上。稻草人太轻了，如果从城墙上用绳子垂下去，一旦被风刮起来，那可就露了馅。

张巡问："姐姐，可有什么法子，能让稻草人有些重量？"

陆家姑说："这个不难，往稻草人肚子里塞上秤砣，不就不怕风了？不用秤砣，用石头、铁块也成。何不再让稻草人穿上兵士的衣服？衣服即使被箭矢洞穿，我们也可以重新缝补，还能穿回到兵士们身上。"

张巡很高兴，说："姐姐的计策大妙，这样的稻草人，肯定能借到贼兵的箭矢。"

他立即安排下去，让人在稻草人的肚子里塞上重物，又给稻草人穿上兵士的衣服。

第二天深夜，乌云遮蔽了月亮，四野一片昏

暗。往远处看，依稀能看到人的影子，却又看得不是十分真切。张巡见正是用计的好时候，当即一声令下，让兵士们从城上垂下稻草人。

沉沉的夜色里，一个个人影从城墙上滑了下来。开始是几十个，后来是上百个，再后来，一批批"兵士"迅速而敏捷地从城上跃下。

叛军的斥候很快发现了动静。叛军大营里响起了呜呜的号角声，叛军士兵从睡梦中惊醒，拿起刀枪，开始集结。令狐潮闻报，也穿上盔甲，骑上战马，准备迎敌。

夜色里看不清楚对方有多少人，叛军生怕中了埋伏，不敢贸然出击。令狐潮调集弓箭手，在军营前列阵，对着城墙上滑下来的人影放箭。

箭矢伴着尖利的声响，骤雨一般射向这些人影。不一会儿，每个人影的身上便都插满了箭矢。奇怪的是，这些中箭的人既不叫喊，也不从城墙上跌落，有的反而又爬回了城头。

令狐潮发现有异，赶紧下令停止射箭。只见一直挂在城墙上的人影都爬了回去，派出去的斥候回报，城上滑下来的不是唐军，而是数百个稻草人。

令狐潮捶胸跺足，大呼上当。

张巡不费一兵一卒，从叛军手里借到了上万枝箭矢。叛军一时气沮，十多天没有攻城。张巡趁此机会加固城墙，修补兵器，雍丘的守备更加严密。

上了一次当，贼兵也变精明了，当城上再次放下稻草人，他们不再紧张，既不放箭，也不理睬，防备大大松懈。

见此情形，张巡又生一计。他从军中挑选出五百名壮士，对他们说："前番用计，让稻草人假扮兵士，赚到了贼兵箭矢。眼下贼兵已识破此计，这回你们扮作稻草人，趁贼兵不备，去偷袭他们的大营，你们可愿去搅个天翻地覆吗？"

将士们都佩服张巡的神机妙算，人人奋勇，个个争先。夜幕降临，鸟雀还巢，雍丘的城墙上又悄悄挂下很多条影子，悬在半空中。夜风吹过，这些人影在城墙上微微晃动。

叛军兵士见了，哈哈大笑："唐兵又故技重施，要来赚取我们的箭矢了。咱们偏不射箭，让他们把稻草人挂到天明。"

夜色更浓了。城楼上的守卫擎着火把巡夜，故

夜幕降临，城墙上又悄悄挂下很多条影子。

意失手，将火把掉到了城墙下。毕毕剥剥的火焰，照亮了贴在墙上的"稻草人"。贼兵们笑得更加放肆，连巡逻的士兵都不愿意把眼睛往城墙上瞧。他们万万没有想到，在浓得化不开的夜色中，那些稻草人被慢慢地放落到了地面。这些稻草人又匍匐前进，神不知鬼不觉地接近了军营。一些稻草人手起刀落，杀死了巡逻的士兵。另一些稻草人将易燃之物洒在了大营各处，并四处放火，大营里很快火光一片。还有一些稻草人悄悄割断了战马的缰绳，受惊的战马开始狂奔。映天的火光中，雍丘城墙上的稻草人已经没有了踪影。

令狐潮知道中计了，连忙率兵撤退。张巡瞧得真切，率领早就准备好的人马冲出城来，一阵掩杀。贼兵们很多都是从睡梦中被惊醒的，晕头转向，慌不择路，丢盔弃甲，只恨爹娘少生了两条腿。令狐潮一口气败退了十多里，才稳住了阵脚。这一仗，叛军大败，伤亡近万人，粮草辎重也都被张巡抢入城中。

不起眼的稻草人竟然接连两次立下奇功。有了箭矢和粮食，雍丘又可以坚守更长时间了。

# 三戏令狐

作为大唐的官员，令狐潮举城投靠贼人，一是保命，二是投机，没想到雍丘很快就落入贾贲、张巡之手，令狐潮空有献城之名，难免要遭到叛军将帅的嘲讽。令狐潮为了证明自己对安禄山的忠诚，只能寄希望于重新夺回雍丘。可是，雍丘被张巡守得固若金汤。令狐潮虽然兵力占优，急切之间想要攻破城池，却也没那么容易。

攻又攻不下，退又不敢退，令狐潮只能以优势兵力团团围住雍丘。叛将李庭望再三催逼，责令赶快拿下雍丘，让令狐潮直如热锅上的蚂蚁，焦头烂额。

其实，被困的时间越长，张巡要面对的困难更多，也更复杂。

比如说，眼下就有一个难题。雍丘城里的柴薪快要用尽了，这样下去，城中将无法煮饭做菜，将士填不饱肚子，便没有力气打仗。张巡知道这是很致命的，他必须想出办法，变也要变出一堆柴薪。

张巡找来城内的耆老，向他们问计，说："诸位老人家，眼下雍丘城内已经没有可燃的柴薪，百姓和将士们就要饿肚子了。我对雍丘地理不是太了解，不知道什么地方草木茂盛。请各位指点，我可以组织军士们前去砍伐。"

老人们也急得不行，说："雍丘城外虽然有山，但都在几十里开外。城外围着这么多叛军，虎视眈眈的，让军士们去砍柴，不是送羊入虎口吗？况且，如果叛军趁着军士们外出砍柴，前来攻城，又如何是好？"

老人们纷纷说："雍丘城内不是还有这么多房子吗？我们干脆把房子都拆了，把门窗和梁柱都献出来。"

张巡说："这万万不可。房子拆了，百姓们就没有栖身之所了。"

一位须发皆白的老人说："雍丘城外尚有许多村落，因为逃避兵火，早已经十室九空。贼军所过之处，杀人放火，那些村落中的房子墙倾脊坏，已经不能挡风遮雨。这里的梁木，倒是可以使用。"

张巡大喜，说："等打退贼军，平复叛乱，我一定帮助百姓们重新安居乐业。"他请老人在地图上标注出村落的位置。老人尚有疑虑，说："村落相较山丘，虽然离城更近，可要突破贼军的封锁，肯定不容易。"

张巡说："我自会让贼军后退，让军士们顺利拖回梁木。"

次日，张巡派出使者，对令狐潮说："张将军准备带领城中军民放弃雍丘，希望你们退军到六十里开外，让我们能从容撤退。"

令狐潮反而有点不相信："张巡真的要弃守雍丘？"

使者继续说："城里现在缺粮，再坚守下去，张将军担心会激起兵变。你若是不信，可以派人察看，看雍丘城内有无炊烟升起。"

令狐潮已有几分相信，说："我的任务是攻下雍丘。雍丘城内若是出现变乱，我不是正好可以坐享其成，为什么还要放你们走？"

使者说："你的胡兵守在城外，反而是帮了张将军的忙。雍丘的兵民宁可饿死，也不会投降你们，绝对会坚守到底。就算我们饿着肚子，你想攻下雍丘怕也不是易事。饿急了的话，倾城而出，与你拼命，到时你的伤亡只会更大。不如让我们离开，你不费一兵一卒，便能占领一座城池。你也是汉人，真的忍心看到这些无辜的汉人百姓与城俱亡吗？"

令狐潮左思右想，觉得使者的话有几分道理。令狐潮抱着胜利在即的喜悦心情，果真率领大军撤退了六十里。

张巡率领几百兵士出了城，但见方圆三十里内的屋舍都已经毁于兵火，主人不知去处，生死不明。他们强忍心中的悲痛，抓紧时间将房舍的木料尽数拆下，搬进了城内。这样一来，不仅有了足够的柴薪，多余的木料还能用于城防。

令狐潮左等右等，不见雍丘兵民撤退的迹象，这才意识到自己被骗。赶紧驱动大军，再一次围住了雍丘。他摆开阵势，要张巡出来说话，气急败坏地问："你不是说要把雍丘城留给我吗？大丈夫岂能言而无信！"

张巡假装懊恼，说："我本来准备撤退，可是城中的百姓和兵士发誓要与城共存亡，还派人盯住了我的亲信，不让我们离开。你如果能送我三十匹良驹，我们就能骑着快马远走高飞。到时城内群龙无首，你正好趁乱收回雍丘。"

令狐潮又一次信以为真，送来了三十匹骏马。张巡将三十匹马分给了部下三十位最骁勇的壮士，说："明天你们便骑着叛军送来的战马，去击杀贼军。你们每人至少要斩杀贼军一将，不然对不起令狐潮赠送战马的心意。"

第二天，令狐潮看到张巡威风凛凛地站在城头，很是惊讶，说："难道是我的眼睛花了不成？你不是早就应该骑马离开了吗？"

张巡说："我本想弃城而去，可手下的将士都不肯跟随，你让我怎么办呢？他们跟我出生入死，我可不能独活，弃他们不顾。"

令狐潮知道受骗，非常生气，率领大军直逼城下，准备攻城。他的阵势还没有摆好，三十名骑兵突然从城里冲了出来，宛如一条长龙，混入阵中，他们猛冲猛打，奋勇厮杀，仿佛是千军万马一般，眨眼之间便砍翻了一百多人。张巡率领精兵，紧跟着冲出城来。令狐潮的大军乱作一团，一下子被冲散，溃退十余里，留下了满地的辎重。叛军的粮食、牛马和器械，俱被唐军缴获，运进了城内。

这一仗，令狐潮元气大伤，他灰溜溜地躲进陈留城，不敢再出来了。

到了七月，令狐潮得到叛将瞿伯玉的支援，胆子又大了起来，再次兵出陈留，围攻雍丘。两军对阵，令狐潮得意洋洋地对张巡说："我这次不会再上你的当了。你如果早日开城投降，我便饶你不死。"

张巡说："我相信你的一番好意，但我怀疑你无法做主。你的上面有李庭望，还有安禄山，如果不是他们亲自下令，我怎敢将全城数万人的性命交托到你一人手中？"

令狐潮说："只要你真心归降，我自然可以让你拿到雄武皇帝赦免的诏书。"

三十名骑兵突然从城里冲了出来，宛如一条长龙。

张巡说："既然如此，那就等你带来诏书，我们再议此事。"

大军兵临城下，令狐潮也不怕张巡使诈，他派出快马，向李庭望禀报此事。李庭望闻讯后，派出四位使者，带着安禄山的诏书，前来招降张巡。

张巡对将士们说："安禄山派人来招降，这简直就是奇耻大辱。我听说荥阳太守崔无诐（bì）誓死抵抗贼军，城破殉难。大将荔非守瑜把自己的箭射光了，才从容投河自尽。蒋清焚毁河阳桥，阻止贼军，最后慷慨赴难。他们都是国家的忠臣。张巡虽然愚钝，也知道效法忠臣烈士。杀身成仁，舍生取义，是张巡的志向，我绝对不向贼人投降。"

为了明志，他当场将为首的使者斩首示众，又将剩下的三人捆绑起来，送往吴王李祗的治所。

令狐潮又遭到张巡戏弄，又羞又恼，恨不得马上踏平雍丘。但雍丘兵民团结一心，节水缩食，军士们以一当十，一次又一次打退了令狐潮的进攻，雍丘城始终屹立不倒。

# 诛杀内应

　　河南节度使虢（guó）王李巨，驻扎在彭城，因为叛军攻下了鲁郡和东平，济阴太守高承义见势不好，竟然临危变节，献城投敌，彭城顿时变得岌岌可危，李巨只得率领大军移往临淮。这样一来，叛将杨朝宗便得到了攻打宁陵的机会。宁陵对于雍丘的战略意义非常重要，宁陵一旦失守，雍丘的粮道就会断绝。反复斟酌之后，张巡决定放弃雍丘，火速增援宁陵。可尽起雍丘之兵，也只有三千将士，三百匹马。

　　大军经过睢阳，张巡与睢阳太守许远相见。他们都是开元末年的进士，有同科之谊。两人兵合一处，实力增强了不少。

许远为人宽厚，深明大义。许远的远祖是东晋名士许询，他的高祖父许敬宗，曾在高宗朝官居右仆射。许远进士及第后，曾担任益州从事，因为得罪了剑南节度使章仇兼琼，被贬为高要县尉。他在任上颇有政声，所以一路升迁，安禄山叛乱时，已经做到了睢阳太守。他认为，自己带兵打仗的才能远不及张巡，于是果断让出指挥权。

许远说："历代名将，都是军之魂、士之胆。将军面对贼军大兵，凛然不惧，力守雍丘，每战必克，真是扬我军威，震慑贼胆。将军有孙膑、白起、李牧的才能，守卫睢阳的重任，请万万不要推辞。"

睢阳是东南的屏障，有睢阳渠和运河连通。运河是唐朝经济的大动脉，江南的钱粮物资，都通过运河源源不断地运往长安。如果叛军攻下睢阳，江南便指日可取。失去江南的财赋，大唐将一蹶不振。

想到这里，张巡没有辞让，说："眼下国家有难，我也就不效仿儿女之态了。太守既然举城相托，我愿意赴汤蹈火。"

许远大喜，说："将军只需管行军打仗之事。粮草、战具，军需供应，都由许远来筹备。"从此，许远就在张巡的麾下，成了张巡的左膀右臂。

有了睢阳的兵力，又有许远相助，张巡信心倍增。他决定死守睢阳，为大唐扼守这道东南屏障。

第二天，张巡升帐，聚集众将。他对大家说："贼将杨朝宗想要夺取宁陵，断我粮道。宁陵不能有失。谁愿领兵前往，迎战贼军，夺取头功？"

只见大将南霁云、雷万春出列。这二人都是张巡麾下的猛将，有万夫不当之勇。南霁云善射，射术不在李广之下，他常在紧要关头射杀敌方将领，扭转战局。雷万春勇猛，一次守城战中，张巡令雷万春掌旗。雷万春脸上连中六箭，却纹丝不动，贼兵都以为雷万春是木头做的假人。叛将令狐潮看到这个场面，感叹说："看到这个猛将，才知张巡的军令，竟是这般严明。"

这时又有大将田秀荣出列，说："不才初投张将军麾下，愿效犬马之劳。"

张巡不知田秀荣武艺、胆略如何，便说："田

张巡麾下的猛将南霁云、雷万春，都有万夫不当之勇。

将军远道而来，人马疲惫，不宜厮杀。宁陵之战，且请田将军为我等观战助威。”

田秀荣讪讪而退。张巡叮嘱南、雷二将：“此番作战，你二人各引人马，一左一右，冲杀敌阵。务必出其不意，猛冲猛打，一举挫败贼军。”

南霁云、雷万春各领二千兵马，迎战杨朝宗。杨朝宗正在攻打宁陵，没想到两支唐军忽然出现，左右夹击，把自己的阵脚冲得大乱。守城的唐军见来了援军，也趁势杀出。三股人马就像三条巨龙，把杨朝宗的叛军冲击得七零八落。这一仗，唐军大获全胜，阵斩叛军二十员大将，杀死贼兵一万多人。叛军的尸体被投入汴水，竟然将汴水堵塞了。

至德二载（757），安禄山被儿子安庆绪杀死，叛军的军政大权落到了安庆绪的手里。安庆绪对东南的企图更为急切，派叛将尹子奇攻打睢阳。尹子奇率领同罗、突厥、奚族的精兵，与杨朝宗合兵一处，共有十余万人，直逼睢阳。

张巡、许远点起睢阳军马，与叛军激战二十余场。张巡早已抱着必死之心，他常常身先士卒，立在城头最危险的位置，即使血染战袍，也不肯下城。唐军在他的感召下，也奋不顾身，拼死抗敌。睢阳城内的百姓也冒着箭矢，帮助守城。

战事正在吃紧的时候，有人向许远告发，大将田秀荣私通叛军。

来人是一位壮士，他问许远："太守可记得旧将李滔？"

许远点头。来人又说："太守本来派李滔救援东平，可李滔见贼军势大，竟然降了贼军，现下正在尹子奇军中为将。"

许远说："原来如此。可此事与田将军有何关系？"

来人说："田秀荣平时与李滔交好。上回两军在城外鏖战，田秀荣偶遇李滔，二人打了招呼。田秀荣和李滔约好，愿做叛军内应。在下不惜性命，前来告发，实是不愿睢阳落到贼军手里。"

许远看着来人，担心中了叛军的离间之计，说："现在正是用人之际，无凭无据，怎好怀疑大将与贼兵相通？"

来人说："太守如若不信，可以静观其变。田秀荣已和贼军约好，明日出战，将戴碧色头盔作为标识。"

第二天一早，叛军在城下叫阵。张巡、南霁云、雷万春等一起领兵迎敌。田秀荣也带着数百兵士，奋勇出城。许远一看，田秀荣果然戴了一顶碧色头盔。

奇怪的是，田秀荣率领手下兵士，专门向叛军厚积的地方冲杀，不一会就被叛军围住，几百兵士奋力拼杀，依然杀不出重围，纷纷倒地。

许远在城上看得真切，只见不到片刻工夫，田秀荣率领的几百兵士就被杀戮殆尽。叛军看到戴碧色头盔的田秀荣，却并不阻拦，自动让开一条道路，放田秀荣回城。

张巡那边小胜了一场，带领众将回城。诸将汇报战果，各人都有斩获，只有田秀荣的队伍全军覆没。

田秀荣说："末将本来是想引诱敌人，没想到反中了敌人的奸计。"然后赌咒发誓地说："此仇不报，誓不为人，请让末将下午再带一队精兵出城厮杀。"

田秀荣私通叛军，证据已然确凿。许远立即向张巡汇报了此事。

张巡愤怒地说："田秀荣害我们折了许多健儿，不杀他，不足以解心头之恨。我们今天就召集诸将，当众将他斩杀！"

张巡于是吩咐南霁云、雷万春，率领精锐兵士，捉拿田秀荣的亲信。又派人守住城门，以防田秀荣逃走。

安排妥当，张巡带领众将上了城楼。众人见主帅表情威严，都不敢多问，在两旁肃然站立，等待主帅发话。

张巡派人请田秀荣到城楼上相见。这时田秀荣已经换上锦色头盔，准备带着精锐骑兵出城骂战。

张巡问："田将军，你上午出战，戴着碧色头盔，下午出战，却又戴着锦盔，这是为何？"

田秀荣说："上午的头盔沾上了贼人的血迹，所以下午换了锦盔。"

张巡说："只怕头盔颜色的不一样，田将军和贼军的打法也不一样吧。不知道脱了这头盔，田将军究竟是站在哪边？"

田秀荣知道事情已经败露，跪地求饶。

张巡说:"投敌叛国之人,岂能轻饶。你害我数百健儿性命,我现在要借你头颅一用。"

张巡向众将细说了田秀荣的罪状,众人都恨得咬牙切齿。张巡命人将田秀荣当众斩杀,将头颅悬挂在城门上。

张巡又让城墙上的兵士们齐声高喊:"田秀荣私通贼人,已经认罪伏诛!"声音远远地传了出去,城外的叛军听了,无不心惊胆战。

随后,张巡亲率大军出城。张巡朗声说:"田秀荣叛国投敌,是鼠目寸光。在我看来,贼军就是一群行尸走肉,实在不堪一击!"张巡居中,左有南霁云,右有雷万春,向着叛军营寨一阵冲杀。

叛军见城上杀了自己的内应,正在气馁,见城内有军队冲出,毫无斗志,纷纷退却。张巡一举击退了叛军,获得了大批粮食辎重。睢阳城内军民的士气格外高涨起来。

# 巧计伤贼

尹子奇和杨朝宗合兵围攻睢阳，本以为旦夕之间可以攻取，没想到张巡率众死守，小小的睢阳城竟是岿然不动。张巡麾下人数虽少，但三军人人用命，百姓个个支援，再加上张巡智勇双全，用兵如神，让尹子奇和杨朝宗吃尽了苦头。

安庆绪急于拿下睢阳，派出特使前往军前督战。尹子奇不敢怠慢，率领众将出营迎接。

特使指责尹子奇说："你们攻打一座小小的睢阳城，损兵折将，却毫无进展，拖延了这许多时日。陛下十分恼怒，他让俺责问你们，你们迟迟不能为他打开东南襟喉，是要等他御驾亲征吗？"

尹子奇汗流浃背，说："上使明察，非是末将不为陛下尽心尽力，委实是睢阳城易守难攻。那个张巡，虽是进士出身，但浑身是胆，排兵布阵，领兵厮杀，比久经沙场的老将一点不差……"

特使不高兴地说："唐军将领，俺只知道高仙芝、哥舒翰，从不知道什么张巡。高仙芝已死，哥舒翰已经是咱们陛下的阶下囚。区区一个张巡，能有什么通天的本领，还能强过高仙芝、哥舒翰？至于睢阳城，俺明天倒要亲自去看看，它是比别的城池高，还是比别的城池厚，难道它比潼关还要险峻吗？"

尹子奇说："上使如果要去观察敌城，末将马上安排。不过，需请上使依末将两件事。第一，上使需扮成寻常兵士模样，混在兵士队列之中；第二，不可离城墙太近，免得矢石惊扰了上使。"

特使大怒，说："你们真是胆小如鼠！你们把张巡说得天神下凡一般，其实是你们自己怕死。待俺回去禀报陛下，你们这些懦夫，就等着陛下严罚吧。"

尹子奇说："上使息怒。上使有所不知，张巡手下有位神射手，名叫南霁云，百步之内，箭无虚发。就是他这一手功夫，夺去了我很多大将的性命。上使贵体金命，如果稍有闪失，末将万死难辞其咎。还望上使体察我等的苦心。"

听了尹子奇的话，特使也有些心虚，但话已出口，不好收回，只得说："俺这等身份，岂能穿兵士衣服。至于这个神射手，你说得也太夸张，难道敌人军中，还藏着个养由基不成？你是前线将领，俺便听你的安排，不接近城墙便是。"

第二天，张巡在城墙上巡视，发现叛军大营里出来一队人马，竟是清一色的拓羯族骑兵，足足有上千人。这队骑兵缓缓出了大营，径直朝睢阳城开进。

张巡马上让城上戒备。众将也都上了城墙，弓上弦，刀出鞘，准备厮杀。

这队骑兵却并不靠近城池，而是沿着城墙缓缓绕行。

张巡说："贼军并不想战。这是来察看我们的城池来了，贼军里想是来了一位大人物。"

南霁云眼尖，早就看到叛军中间有个身穿重甲的人。他顿足说："可惜贼酋连眼睛都保护住了，不然一定教他吃我一箭。"

雷万春说:"贼人们一定是怕了你的神箭,才如此防范。这样一来,咱们倒是奈何不了他了。"

张巡想了一会,说:"我有一计,可以取其首级,灭其威风。"于是对二将说了计策,南霁云和雷万春大喜,领命而去。

那特使身穿重甲,身体沉重,走得很慢,绕城一圈花了不少时间。城墙上的弓箭手时不时放出冷箭,那箭却根本射不到近前。

特使开始还比较谨慎,见城上的箭矢奈何不了自己,胆子渐渐大了起来,又仗着有千骑随行,心里越发大意。他一马当先,不知不觉离城墙越来越近。随行的将领不敢阻拦,只得紧紧跟在后面。

特使见城墙虽然有一些破损,却依然高大雄壮,唐军在城下挖了一道壕沟,又深又宽。随行的将领说,正是这道壕沟,把大军阻在城下,双方在这里厮杀,伤亡不少。

特使说:"尹大帅有十万大军,难道不能把它填上吗?每人运一铲土,俺看就能把这条壕沟填平。"

话音刚落，只见不远处的城门突然打开，城上的吊桥也缓缓放下，搭在了壕沟上。拓羯骑兵以为城里的唐军要来冲杀，赶快围成一个圆圈，把特使保护起来。

没想到城里冲出的却是几头火牛。牛身上带着火，奔突跳跃，直冲过来。

拓羯骑兵想保护特使撤退，可身下的战马却早已受惊，四散逃窜，不听指挥。

混乱当中，只见壕沟中忽然跃出几十位勇士，向着特使扑了过来，为首的大汉正是雷万春。原来壕沟竟然与城里相连，唐军早在这里埋伏了兵士。

这几十人或拿长钩，或举陌刀，或持强弩，他们动作敏捷，如兔起鹘落，眨眼之间，已经把特使的马拉倒，将特使团团围住。

拓羯骑兵想要过来救人，却纷纷被弩箭射翻，不能靠近，只片刻工夫，特使就在他们眼皮子底下被掳走了。那些伏兵将特使劫持过壕沟，吊桥便缓缓收了起来。只见城上又垂下几十条绳索，将这些伏兵连带着特使都拉了上去。

城上万箭齐发，逼得拓羯骑兵不断后退，只能

城里冲出的却是几头火牛，奔突跳跃，直冲过来。

眼睁睁看着特使被带上城墙。

听到报告，尹子奇暴跳如雷，下令大军猛攻睢阳。三天之内，叛军不分昼夜，攻城三十多次，城上城下，尸体堆积如山。

叛军虽然不能攻克城池，但睢阳城内的守城物资开始紧缺起来。城内民众拆了房屋，将砖瓦、木料运上城楼，帮助张巡守城。

许远说："贼军如此围攻，睢阳很快就会矢尽粮绝，需得想个办法才是。"

张巡说："如今看来，只能在尹子奇身上做文章，逼他退兵，为我军赢得喘息之机。"

许远说："尹子奇惧怕南将军神箭，连中军大帐都撤掉了，也不敢穿统帅衣服。千军万马之中，找到他还真是不易。"

张巡说："即使尹子奇改装换束，让我们辨认不出他，但他总要发号施令。我们要想个办法逼他现身。南八，到时候你能射中他吗？"

南霁云说："我有铁胎强弓，射程是桑弓的三倍，专射远敌。"

张巡说："南八，你做好准备。明日接战时，我会让军士射出芦苇做成的箭矢，贼兵一定会以为我们的箭矢用完了，必定要把这一消息报给尹子奇。你只觑准贼人向谁禀报，便射向谁，那人必是尹子奇无疑。"

第二天，叛军又来攻城。只见叛军身着黑甲，举着盾牌，抬着云梯，推着冲车，密密麻麻地涌向城墙。

城上奋力反击，箭矢、滚木、石头，雨点一样飞向叛军。叛军却毫不退缩，一批倒下，另一批又冲了上来，竟是死战不退。

张巡观察许久，料定尹子奇就在前面督战。他一挥手，命几十名弓箭手上了城墙。这些弓箭手弯弓射箭，射出的箭却摇摇摆摆，力量弱小。原来那箭是芦苇做的箭杆，石头磨制的箭镞。

一名被射中的叛将大喜，以为城中的箭矢已经用完。他举着一支芦苇箭，去向主帅报告。

只见叛军向两边一分，露出藏在骑兵中间的一个人来。只见那人黄面虬髯，却不是尹子奇是谁？

南霁云瞧得真切，取出铁胎强弓，拉满了弦，一箭射去。那箭不偏不倚，正中尹子奇左眼。

尹子奇惨叫一声，当即跌下马来。周围的拓羯骑兵慌忙把他救起，向后退去。见主帅受伤，叛军再也无心恋战，像潮水一样退了下去。

尹子奇身受重伤，无力再战，连夜撤回了陈留。睢阳又一次得救了。

# 招降叛将

太子李亨即位后，颁布《即位大赦文》，号召陷贼的官民归顺朝廷，共同抗击叛军："百姓和大小官吏，希望你们率亲人和属下，尽快离开逆贼，效忠朝廷。如果能够杀了安禄山父子，不管之前犯有什么过错，一概既往不咎，而且会列土封疆。"

太上皇唐玄宗到了四川之后，也颁布了《銮驾到蜀大赦制》，说："杨国忠敛财扰乱了民生，叛贼安禄山叛乱败坏了纲常，这两个人乃是首恶……因为他们举家遭受不幸的人，都会平反。被安禄山胁迫的文武官员，只要肯改过自新，归顺朝廷，不仅会赦免他们的罪行，还给予更多的赏赐。"

这些消息传递到了被叛军占据的地区，叛军当中人心惶惶。

叛将李怀忠武艺超群，南霁云、雷万春都曾和他对阵，几十回合内难分胜负，彼此惺惺相惜。张巡也常对众将称赞："贼军当中，这个李怀忠，倒是个人物。"

这天张巡聚集众将，说到李怀忠。许远说："安禄山在范阳时，这个李怀忠就很有名声，是一员骁将。大好人才，可惜从了贼。"

雷万春说："前日和贼军在西城下大战，不少兄弟受伤，倒在阵上。眼看就要被贼军屠戮，李怀忠却收了兵。看来，这个李怀忠心眼倒是不坏。"

南霁云说："不趁人之危，这人倒是一条好汉。"

张巡说："我看他面带忧愁，想是在忧虑眼下的处境。这员大将，我们或许能招降过来。"

众人将信将疑，张巡说："我虽然不似诸葛孔明那般能识人，但看这李怀忠，这双眼睛却不会错。"

第二天，李怀忠率领兵士巡逻，走得离城墙很近。张巡见是机会，便率几十名骑兵出城，迎头拦住李怀忠。

李怀忠见张巡出城，手里却没拿兵器，显然是没有敌意，不禁一愣。他停下队伍，远远站住，等着张巡说话。

张巡说："李将军，你在安禄山手下为将，有多长时间了？"

李怀忠回答："不瞒张将军，有两年了。"

张巡说："李将军器宇轩昂，弓马娴熟，想是出身军人世家。你的祖父、父亲是不是也有官职？"

李怀忠说："他们也曾多次立功，获得朝廷封赏。"

张巡摇头说："可惜啊可惜。"

李怀忠问："张将军这是何意？"

张巡说："我为李将军的祖父和父亲可惜，也为李将军你可惜。你们祖孙三代本来同朝为官，现在却要刀兵相见了。"

李怀忠说："我的祖父和父亲均已不再为官，怎会重上战场？"

张巡说："现在安禄山叛乱，战火蔓延到四

张巡问："李将军，你在安禄山手下为将有多长时间了？"

方，全国郡县都将变成战场，刀兵之下寸土寸焦。你的祖父和父亲虽然不再为官，却也会为国尽忠，与贼军死拼到底，你们祖孙三人，可不就要刀兵相见了吗？"

李怀忠黯然说："想我李家一门忠义，我的祖父、父亲在边塞一刀一枪，才取得功名。可惜我在范阳为将，不得不跟从起兵。也许这就是天意吧！"

张巡说："自古以来，乱臣贼子都没有好下场。现在新君即位，四海归心，叛乱很快会被平定，到时你的家人就会因为你被牵连。你忍心看到他们被杀头吗？"

李怀忠说："事已至此，我还能怎么做呢？"

张巡说："只要将军迷途知返，我愿在睢阳随时迎候将军。"

李怀忠见张巡说得诚恳，非常感动，当下和张巡约定，今晚子夜时分，将率手下心腹数十人归降。

当晚，李怀忠率领几十名亲信悄悄出了叛军营帐，来到睢阳城下。城下早已有人接应，引着李怀忠进了城。

张巡带着众将已经在城内等候。众人见李怀忠果然来投诚，都十分高兴。

张巡说："有了李将军，贼军想要攻陷睢阳，真是难上加难。"

李怀忠问："张将军，难道不担心末将是诈降吗？"

张巡正色说："贼军的恶行，人神共愤。李将军流露出来的悔意，绝不可能是伪装出来的，我怎么会不相信呢？"

李怀忠听这话，倒头便拜，说："了解我的人，是张将军。"

张巡说："城内军民早已誓与睢阳共存亡，根本不作他想。李将军可有此决心？"

李怀忠说："今日见到将军，真犹如死后重生。怀忠的这腔热血，愿意洒在睢阳城头。"

像李怀忠这样被张巡劝降过来的将领还有不少，每个人都拼死守卫睢阳，城破之后，也都跟随张巡一起慷慨赴死，没有一个后悔的。

# 过目不忘

在亲随于嵩的眼中，张巡身高七尺，须髯如戟，文韬武略都是一时之选。在年轻的时候，于嵩便跟随在张巡左右。张巡也很看重勤奋好学的于嵩，曾提拔他担任临涣县尉。

这天，张巡看到于嵩反复翻阅《汉书》，不禁觉得奇怪，问："你怎么翻来覆去都只读这一本书？"于嵩很是窘迫，沮丧地说："这本书所载内容太过繁杂，总是记住后面的，忘了前面的，真是很苦恼。"张巡很是同情，说："我早年读书，倒是没有这般烦恼。无论什么书，不超过三遍，就都能记住。那些文字像是自己往脑子里钻，而且再也不会忘记。"

于嵩自忖记忆力不差，不敢相信世上真有过目不忘的奇人，于是笑笑不接话。张巡瞧着于嵩半信半疑的表情，捻须微笑，说："我并不是说大话，你如果不信，不妨考我。你现在读的是哪一章？"

于嵩说："正读到《武帝纪》。"

张巡略一思索，便往下背诵，中间毫不停顿，真如清泉在石上流淌，顺畅极了。

于嵩非常吃惊，却仍然半信半疑，以为张巡不过是碰巧对这一章熟悉，所以能一口气背下来。张巡笑道："看来你还是有疑惑。不如随便翻到一页，看我能不能背。"于嵩便翻着书，挑了《刑法志》的一段，开口念道："孙卿之论刑也，曰……"

他的话音刚落，张巡便接口道："世俗之为说者，以为治古者无肉刑，有象刑黥墨之属……"

这段文字，言浅意深，于嵩记忆起来很是吃力。张巡却背诵如流，真如这篇文字是他自己作出来的一般。

于嵩又抽出《论语》《孙子兵法》和《墨子》中的篇章，张巡无不张口就背，只字不差。

佩服之余，于嵩更觉得羞愧，以为自己在读书上简直一无是处，有点心灰意冷。

张巡安慰说："人的记忆有好有坏，可是读书的方法也很重要。不能读死书，也不能死读书，把自己想象成作者，去理解书里面的内容，直到化为己出，化为己有，像是自己写出来的一样，这样不费吹灰之力就能记住了。"

睢阳大战，张巡用各种办法守城，屡屡杀退叛军。众将都目睹了这些妙策是如何从张巡脑子里蹦出来的。

灯烛底下，人影晃动。张巡搜肠刮肚，握紧双拳，在大厅内走来走去。一会儿蹦出一句："邲之战，晋楚争郑，晋国为什么会败？一是准备不足，二是各位主将各怀心思，动摇了军心，自乱阵脚。"一会儿又像是说给众人，又像是自问自答："邯郸之战，为什么赵国能胜？因为从头至尾，守军都没有投降的念头，军民同心，共抗秦军。"见众人连连点头，张巡的步子也更快了起来，嘴里滔滔不绝地念着兵法、战法。

众人暗自叹服，觉得古时那些著名的将领都被张巡召唤了出来。孙子啦，孙膑啦，白起啦，廉颇啦，卫青啦，霍去病啦，都纷纷向张巡献言献策，帮助张巡守城。

众将一次次领略到张巡过目不忘的本领。

睢阳城内，军民加在一起近五万人，不到三个月，凡是张巡接触过的人，居然把他们的名字都记住了。

每天清晨在校场点兵，常常是刚经过一场大战，喊杀声刚刚停歇，血腥味还弥漫在空气中。无论多么疲惫，张巡总是一身戎装，威风凛凛。血战幸存的士兵们排列成行，有的一脸血污，有的裹着伤口，各自强自支撑，每个人的怒目里都像有一团火，紧紧盯着眼前的主帅。

张巡像往常一样开了口，这次他却直呼士兵们的姓名："刘明礼、吴忠孝、褚金刚、景君集，昨夜厮杀，你们可杀得过瘾？"

站在前排的几名大汉咧大了嘴，没想到主帅竟随口叫出了自己的名字，马上挺直了胸脯，大声答道："禀将军，杀得爽快，追着逆贼的屁股，把他们撵下去了！"

张巡像往常一样开了口，这次他却直呼士兵们的姓名。

张巡哈哈大笑，说道："你们几个扼守西城豁口，打得不错，本帅要给你们嘉奖！"接着又向着几个负伤的士兵说："刘文定、李文通、王思礼，好好将养，打头阵先不用你们，痊愈后，再上阵杀敌。"

　　被主帅叫出名字，这简直是无上的光荣。众将士抖擞起精神，开始修补城墙，准备矢石，等待下一轮厮杀。

　　刚到傍晚，尹子奇又开始攻城。叛军像发了疯一样，一波攻势刚被打退，另一波攻势又潮水般席卷而来。将士们连片刻休整的时间都没有，刀剑像长在了手上，双腿也像长在了城墙上。极度疲累之下，兵士们感觉脚下的土地像面团一样变软，而且摇摇晃晃。叛军们也豁出了性命，一波波涌上了城墙。张巡大声疾呼，鼓舞将士，将他们从幻梦中唤醒，以免他们被叛军的利齿咀嚼得粉碎。

　　有的军士因为恐惧，忍不住往回撤。却发现主帅正站在他们后退的路上，张巡嘴里喊出每个人的名字，说："张云吉，你是在雍丘时便跟随我的，我还记得你的兄长张云祥英勇战死，死前犹痛骂贼军，恨自己不能多手刃几个敌人。"张云吉咬牙切齿，转身厮杀，刀断了，便抱着冲上城墙的敌人，一起跳下了城墙。张巡又冲着一个转身想退的士兵说："李楚雄，你的老父亲宁愿饿死，也要把口粮节省下来，让将士们多吃一口，多杀一人。他如果看见你现在逃跑，在九泉之下怎会瞑目！"李楚雄跺一下脚，用身体挡住了叛军的刀枪。

张巡虎目含泪，说："王三虎、赵四毛、于大柱、张挺，你们退一尺，贼军就会进一丈。英雄好汉宁可战死，也绝不会后退一步，我们要和叛军决一死战！"

受到这样的鼓舞，唐军士兵们重新鼓足勇气，无不以一当百，纷纷怒吼着，呼喊着，挥舞着手中的兵器，奋不顾身地一次次扑向蚂蟥一样的敌人，终于又一次粉碎了叛军的进攻。

# 南八求援

安禄山死后，唐肃宗决心利用这个机会迅速平定叛乱，他向回鹘借来精兵，又督促各路唐军展开攻势。朔方节度使郭子仪和广平王李俶率军不断收复失地，先与叛军战于曲沃，又战于新店，都获得大捷，消灭叛军十多万。叛军节节败退，形势开始变得对唐王朝有利。

尹子奇率领大军围攻睢阳已有大半年，毫无进展。安庆绪一再催促，尹子奇只得多次发动猛烈的攻城战，虽然都被击退，但也大大消耗了守军的力量。睢阳城内的伤亡越来越严重，睢阳守军无法补充兵力，人数只减不增，形势变得更加严峻。

这大半年来，陆家姑一下衰老了。她不停地修理盔甲、补缀战袍、照顾伤兵，兵士们什么时候从城上下来，她就什么时候等在那里。她似乎从来没有休息过，兵士们总是看到她忙忙碌碌的样子。

城里的老人们拖着浮肿的腿，慢慢挪到陆家姑面前。城里的粮食越来越少，这些老人有时一天只喝几口粥，甚至偷偷不吃东西。

老人们说："为什么要把粮食浪费在我们嘴里，难道还能指望我们上城杀敌吗？我们活得已经够久了，多活几天还是少活几天，已经没有什么区别。"

他们请求陆家姑："不要再给我们发口粮了，让张将军就这么办吧。"

陆家姑流着眼泪答应。等她见了张巡，这话却无论如何也说不出来。

张巡说："姐姐为何流泪？是因为昨天的伤亡太大吗？"

陆家姑说："粮食越来越少，不少人饿死了。他们不是死在城上，而是活活饿死。这怎么能让人不难过？"

张巡虎目含泪，说："睢阳无法支撑太久了。

城破之日，就是我们殉国之时。"

陆家姑说："百姓们说，希望弟弟带着将士们趁夜突围，离开睢阳。猛将和勇士，对国家有大用，不能葬送在这里。"

张巡摇摇头："生死事小，睢阳事大。如果叛军占领睢阳，东南的门户就会大开，就是再有精兵猛将，恐怕也无法力挽狂澜。睢阳多守一天，平乱就会多一分希望。我们这些人，早就做好了为国尽忠的准备。"

陆家姑看着弟弟，一时竟说不出话来。

张巡说："我读了几十年的圣贤书，今天才算悟透了夫子说的'求仁得仁'的道理。与睢阳共存亡，是我的心愿。"

陆家姑声音哽咽："除了死守孤城，就没有其他办法可想吗？"

张巡说："我想过让南霁云、雷万春护送城中百姓突围，可城外重兵围困，这谈何容易，无异于把羊赶到狼群当中。我让南霁云、雷万春、李怀忠另投他处，可是他们都不愿意离去。目前的形势，只能等待援军。只要援军一来，睢阳就有救了。"

陆家姑问:"敌军重兵围困,有哪处的援军会来救援睢阳呢?"

张巡说:"我已准备派南霁云杀出重围,去搬请救兵。离睢阳最近的是彭城,其次是临淮。河南都知兵马使许叔冀驻扎在彭城,河南节度使贺兰进明驻扎在临淮,他们两个人都兵强马壮,颇有实力。只要有一人愿意出兵相助,就一定可以解睢阳之围。"

陆家姑说:"看来,全城将士的命运,就全靠南将军了。"

第二天一早,准备突围求援的南霁云整装待发。只见南霁云全身披甲,骑一匹马,还牵着一匹马。他长枪在手,铁弓在肩,箭壶里插着三十枝羽箭。

张巡叮嘱说:"南八,此番搬兵,困难重重。你务必小心,无论结果如何,早去早回。"

南霁云说:"将军放心,末将一定不负重托。就算拼了性命,也要杀出重围,搬来援兵。"

说罢,南霁云单人单骑驰出城门。他大吼一

声，冲着叛军营寨守卫的薄弱处冲去。

叛军早就被南霁云的神射吓破了胆，见他来冲阵，都惊慌失措，只是虚张声势地摇旗呐喊，不敢过来接战。南霁云很快冲开了一个口子。叛军也不追赶，目送着南霁云像一朵云一样跳出了包围圈。

南霁云快马加鞭，直奔彭城。

许叔冀却连城门都不开，只是让部将在城楼上仔细盘问。

"来者何人，快快报上名来。"

"我是睢阳城张巡将军麾下，果毅都尉南霁云。"

"南都尉为什么不在睢阳守城，却跑到彭城来？"

"我受河南节度副使张巡将军派遣，前来求援。睢阳告急，恳请许大人发兵相救。"

"我们许大人说了，不只睢阳城外有贼军，彭城现在也很危险。如果分兵去救睢阳，贼军却来围攻彭城，那彭城也就难保了。"

"睢阳危在旦夕。城外有十万贼军连日围攻，城内粮食已尽，不出半个月，城内军民就没有东西果腹了。请许大人尽快发兵啊！"

"我们就算派了援军过去，不是也一样没有粮食？军士饿着肚子，还怎么打仗呢？"

"许大人肯发兵的话，可以让军士们带上粮草。"

"粮草要是被叛军截了去，怎么办？"

"到时，张将军自会率军出城接应。"

"我们许大人说了，彭城的兵力不足，无法分兵援助睢阳。彭城的粮食也紧张，更不能支援睢阳。不过，为了不让南都尉白跑一趟，你可回去转告张将军，彭城倒是可以赠送睢阳几千匹布，不过要张将军派兵士来取。"

看来，许叔冀是不会发兵相救了。南霁云大骂道："许叔冀，你和张将军同朝为官，睢阳和彭城唇亡齿寒，岂能坐视不救？你的良心难道被胡人的狗吃了吗？张将军力守睢阳危城半年多，朝廷嘉奖不断，你是不是心里妒忌，想要借刀杀人？你这卑鄙无耻、鼠目寸光之辈，与安禄山、史思明有什么不同？你要是还有廉耻之心，就骑马出城，与我一决生死。我一定会将你送给张将军的布帛，用作你的裹尸布！"

许叔冀哪里敢回应，命令弓箭手放箭，一阵箭雨逼退了南霁云。许叔冀又让兵士喊话："南都尉，你休要气恼，大家都是精忠报国，同室操戈，大可不必。南都尉不如留着这份力气，返回睢阳杀敌去吧。"

南霁云恨恨而返，又冲破重围，进入睢阳城内。

张巡见南霁云一个人回来，长叹一声，安慰南霁云说："天无绝人之路，就算许叔冀不肯出兵相救，我们也远未到山穷水尽之时。"

南霁云说："临淮不是还有贺兰进明吗？他是朝廷的河南节度使，负责黄河以南的防务，肯定会派兵相救。"

张巡沉吟半晌，说："现在也只能指望临淮能够支援了。不过，如果贺兰进明问起，你一定不能提及许叔冀拒绝援助之事。切记切记。"

接着又叮嘱说："这次突围，贼军定会严加防范。我给你三十骑兵，随同照应。沿途无论发生什么事，你尽可以随机应变，自行决断。"

南霁云心头一热，滚下两行热泪，哽咽道：
"将军放心，末将一定不辱使命。"

　　第二天，南霁云集合了三十名骑兵，对他们
说："你们紧跟着我，我的马头朝向哪个方向，你
们就冲向哪个方向。我箭筒里的箭空了，紧跟我的
兄弟要把他的箭筒递给我。我后面的兄弟的箭筒里
一定要插满箭。我会用我的箭在前面开道，杀出一
条血路。"

　　说完，三十一人一起呐喊，冲出了睢阳城。

　　尹子奇见南霁云又来闯营，调动大军，围追堵
截。只见南霁云左右开弓，箭无虚发，挡在前面的
贼将应声落马。叛军将领担心中箭，纷纷躲闪。南
霁云顺利杀开一条血路，跟随他的三十名骑兵竟只
损失了两骑。

　　南霁云不顾疲惫，向临淮疾驰。进了临淮城，
南霁云直接闯入节度使官邸，求见贺兰进明。

　　见到贺兰进明，南霁云将睢阳的现状如实相
告，恳请救援。

　　贺兰进明说："看来睢阳确实危急。可是本帅
担心，派出的援兵还没有走到睢阳，睢阳就已经失

守了。”

南霁云很着急，说：“睢阳军民已经坚守半年。有张将军坐镇指挥，睢阳怎会轻易被贼军攻下？如果援军赶到时城池已落入叛军手中，末将愿以死谢罪。”

贺兰进明说：“我早就听闻南将军的威名。即使睢阳不幸失守，南将军又何罪之有？本帅有心发兵救援睢阳，只是临淮距离睢阳路途遥远，大军起行，需准备粮草辎重，恐耗费时间。彭城离睢阳很近，不知南将军可曾求助于许叔冀？”

南霁云牢记着张巡的话，只是沉默不语。贺兰进明微微一笑，说：“南将军不说，本帅也能猜得出来。想那许叔冀，原是我麾下将领，为人狡猾多诈，自私阴狠。即使南将军上门求援，他也会表现出爱莫能助的样子。他不过是仗着有太上皇给他撑腰，才平步青云，做到了都知兵马使。说不定正谋划着要取本帅而代之呢，怎么会分兵解睢阳之围？”

听到这里，南霁云浑身冷汗直冒。他终于明白，为什么睢阳城是一座孤城，看不到一个援兵，原来近在咫尺的贺兰进明和许叔冀都各怀心思。许叔冀不愿出兵相救，贺兰进明肯定也无意救援，二人都不愿折损自己的实力。南霁云恨恨地想，节度使和都知兵马使都拥兵自重，各打算盘，与反叛的安禄山、史思明之流有什么区别？

贺兰进明说："南将军远道来到临淮，一定肚中饥饿，我已备下酒食，请南将军入席。"说罢，他拍了一下手，丝竹奏响，数名歌姬飘然而入，跳起了胡舞。

南霁云惦念睢阳安危，哪有心思欣赏歌舞，他流着泪说："末将昨天离开睢阳时，城内将士把全部口粮交给我们一行三十一人，为了让我们吃饱了有力气突围。现在城中将士肯定饿着肚子。末将面对美味佳肴，又怎么能够吃得下去？"

贺兰进明说："即使本帅现在派军去救睢阳，也不可能朝发夕至。睢阳之围，实非本帅能解。睢阳之辱，张将军之仇，却非南将军不能报。南将军何不留在临淮，在本帅帐下效力？本帅一定会奏报朝廷，大加封赏。"

南霁云说："末将此番前来，是奉张将军之命来搬请救兵的。不能完成使命，是末将的失职。为证明末将确实到过临淮，只能给大帅留下一根手指。"说完，南霁云拔出佩刀，斩断了自己的一根手指，顿时鲜血直流。在座的人看到这个场面，都大惊失色。

南霁云神色不变，坚决不愿入席用餐。他强忍着心里的悲苦，却不愿在这些人面前落泪，借故走了出去。出了大厅，南霁云召集麾下二十八名骑兵，快马加鞭，出了临淮城。贺兰进明的部下也不敢阻拦。

见南霁云久久不归，贺兰进明的部将说："南霁云日后必来报仇，今日不能纵虎归山，不如把他扣留，不让他回去。"

贺兰进明的脸上阴晴不定，最后长叹一声，说："让他走吧。睢阳城破只在旦夕之间，他回去也是必死无疑了。"

南霁云一行离开临淮城，经过一座佛寺。看看寺中高高的佛塔，南霁云在心里默默起誓："若我能够击退尹子奇，一定要回来杀死贺兰进明。我的决心，有如此箭。"他拉弓如满月，向着塔尖射了一箭，那箭正中塔尖，箭杆居然深深地没入塔砖之中。

经过真源时，守将李贲对南霁云说："真源军民都感念张大人的大德，所以集起一百多匹战马，正在发愁如何送抵睢阳。天幸将军路过，请把这些战马带走，让它们载着健儿驰骋杀敌。"南霁云感激不尽。

经过宁陵时，守将廉坦率兵三千迎候南霁云，说："现在形势危急。睢阳一旦失守，宁陵势不能保，可惜宁陵只有这些军马，全部交给将军，希望能帮助睢阳挺过这次大难。"南霁云大喜，有了这三千军马，睢阳又能多支撑一些时间了。

军马接近睢阳，已是深夜。当晚起了大雾，万物都被遮蔽在流动的白幕中。南霁云一声令下，三千援军分兵两路，向城内突进。

贼军早有防范，分兵围追堵截。南霁云只能带着兵士边战边走，渐渐杀到睢阳城下。

张巡心中一直惦念着南霁云，耳中听得城外一片厮杀声，说："肯定是南八回来了。"立刻率兵出城接应。两边里应外合，终于奋力杀出一条血路。

南霁云拉弓如满月，向着塔尖射了一箭。

三千宁陵兵死伤惨重，只剩下一千多人。

南霁云知道城内已经没有粮食，在与贼军激战时，奋勇抢到几百头牛，带进城内。张巡命人将牛宰杀，让军民们饱餐一顿。

张巡知道，外援不至，城内粮尽，睢阳已经很难坚守了。又见到南霁云断了一根手指，不禁悲从中来，吟道："接战春来苦，孤城日渐危。合围侔月晕，分守若鱼丽。屡厌黄尘起，时将白羽挥。裹疮犹出阵，饮血更登陴。忠信应难敌，坚贞谅不移。无人报天子，心计欲何施。"

一时间，众将人人无语，相对泪下。张巡说："睢阳安危，关乎国运苍生。事已至此，索性不作他想，我们就以睢阳作为埋骨之地，拼尽最后一滴鲜血，来阻止贼军吧。"

众将重新振奋起精神，起誓说："我们誓死跟随将军，愿与睢阳共存亡。"

# 城破殉难

虽然有一千多援兵被南霁云带进了睢阳，但尹子奇断定，睢阳城不可能等来更多的援军了。

到了十月，睢阳城内不再有炊烟升起，再也没有飞鸟归巢，也听不见战马嘶鸣，可见飞鸟和战马都被吃尽了。没有了战马，睢阳就失去了尖牙和利爪，叛军再也不用担心唐军会发动奇袭。箭矢没有了，石头也没有了，唐军将士已经上不了城楼，睢阳已经失去了抵抗的能力。

尹子奇发动了最后的攻势。这天中午，叛军越过壕沟，大胆进逼到城下。他们一窝蜂地架起了云梯，守城的将士再也没有力气将梯子推倒，叛军死士顺利爬上了城头。叛军又用攻城车撞击城门，一下，两下，三下，两扇城门终于不再抵抗，像老人无牙的嘴巴一样颤颤巍巍地张了开来。

叛军虽然凶残，可看到睢阳城内的惨状，也无不动容。围城之前，睢阳有人口四万，这时已经大部分战死、饿死、病死了，城里活着的还不到四百人。剩下的将士都已经奄奄一息，连握住刀枪的力气都没有了。

张巡自知无力回天，他面对西方长跪不起，说："睢阳这座孤城，无法再为皇帝陛下保全了。张巡活着报效国家，死后也会化为鬼雄，去缠住叛贼。"

叛军找到张巡和许远，将两人五花大绑，一路推搡着去见尹子奇。南霁云、雷万春等人见了，都挣扎着站起来，痛哭流涕。

张巡安慰他们说："众位将军，不要慌张，更不要害怕。大丈夫生要顶天立地，死也要坦然面对。英雄豪杰赴死就像回家一样，大家都不要难过。"

众人都不忍心看他遭受贼人的凌辱，只能别过

张巡自知无力回天，面对西方长跪不起。

头去。

叛军把张巡带到到了尹子奇面前。尹子奇说：“听说你在督战时，激情万丈，大声喊叫，声势很足，还说你大瞪双眼，眼角都会破裂，血流满面，连牙齿都咬碎了。行军打仗而已，何至于此？你这样拼命，还不是沦为了本帅的阶下囚？”

张巡恨恨地说：“这不过是想一口气杀光你们这些叛贼，只可惜力气不够。”

尹子奇说：“你这败军之将，真是好大的口气，本帅倒要看看，你现在嘴里还有几颗牙齿。”

张巡一言不发。尹子奇用刀撬开张巡的嘴巴，发现他只剩下四颗牙齿，便用力敲掉了一颗，说：“你督战时，也是这般咬碎牙齿的吗？”

张巡满口是血，啐了尹子奇一口，大骂道：“我是为国家而死，死得其所。你却跟从安禄山这个逆贼，反叛朝廷，残害百姓，真是连猪狗都不如。就算你今天杀了我，你也不会活得长久。”

尹子奇很佩服张巡的忠义，起初不愿杀他。部将劝他说：“张巡是个有气节的人，肯定不会投降。他据守睢阳，已经名震天下，他现在在唐军中威望很高，留下来肯定是一个祸害。"

尹子奇又把刀架在张巡的脖子上，逼他投降。张巡说："大丈夫怎能向叛贼投降。痛快一点，杀了我吧。我已经等不及要变成厉鬼，来找你们索仇了！"

尹子奇又去招降南霁云："你这大汉，就是射伤本帅一只眼睛的南霁云吧。只要你愿意投降，本帅不仅既往不咎，还会重用你。"

南霁云只是微微一笑，一言不发。

张巡在一旁大声说："南八，大丈夫死就死了，千万不能留下骂名，让后世耻笑。"

南霁云说："将军不仅有恩于我，也是我的知己。我南霁云虽然很渴望有一番作为，但仔细想想，能够与大人同赴黄泉，也是人生一大幸事，我怎么会推辞呢？"

尹子奇又招降许远，许远也宁死不降。部将对尹子奇说："带兵固守睢阳，一直和我们对抗的人是张巡。这个许远，罪不及张巡，可将他押送洛阳，交给皇帝陛下处置。"

就这样，张巡连同南霁云、雷万春、姚訚等三十六将一起遇害，时年四十九岁。许远在被送往洛阳的途中，也被贼军杀害了。

# 张　巡

## 生平简表

● ◎唐中宗景龙二年（708）

出生于邓州南阳。

● ◎唐玄宗开元二十九年（741）

历任太子通事舍人、清河县令、真源县令。

● ◎唐肃宗至德元载（756）

正月，起兵讨伐安禄山叛军。二月，与贾贲合兵，共守雍
丘，被吴王李祗任命为经略使。十二月，被授河南节度
副使。

正月，驰援睢阳，坚守睢阳城，与叛军前后交战四百余次。

十月，睢阳城破，与南霁云、雷万春等三十六将被俘遇害。